Stras**bourg**

Circuits à tra
historique et le q

D0519587

Strasbourg aux environs de 1850

Texte: Marie-Christine Périllon · Photos: Airdiasol/Rothan

Kraichgau Verlag

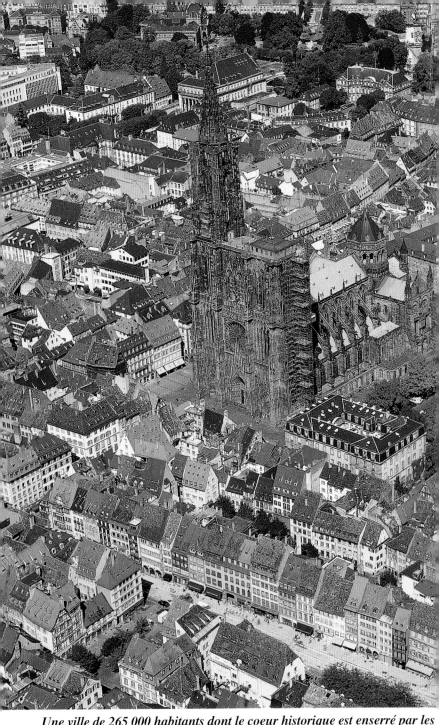

Une ville de 265 000 habitants dont le coeur historique est enserré par les

bras de l'Ill, un affluent du Rhin.

Bienvenue à Strasbourg

Avec le TGV Est européen, Strasbourg n'est plus qu'à 2h20 de Paris et deviendra un véritable pivot du transport

ferroviaire européen à grande vitesse. Strasbourg est une ville qui se visite à pied. Le centre de la ville, "la grande île" - classé patrimoine mondial par l'UNESCO au même titre que Venise ou Prague - s'inscrit entre les bras de l'Ill. Cet affluent du Rhin dessine en effet une ellipse insulaire qui contient tout le coeur historique de la cité, depuis le premier camp romain jusqu'aux élégants hôtels du XVIIIe siècle. Cette "grande île" que l'on peut traverser à pied d'une rive à l'autre en un quart d'heure, ou moins, selon le pas et le choix du trajet. Sa superficie de 83 hectares rassemble une concentration étonnante de chefs-d'œuvre architecturaux. Parmi eux, la cathédrale, les Ponts Couverts, le Palais Rohan et tous les autres témoins marquants de la vie civile et religieuse d'une cité qui a plus de deux mille ans. Le mieux est donc de laisser sa voiture dans un des nombreux parkings périphériques et de continuer son chemin à pied, voire d'emprunter le grand tram transparent qui vous fait traverser la ville comme sur un tapis roulant ou de louer un vélo. Des forfaits sont prévus - parking plus tram, parking plus vélo - pour rendre cette solution très accessible. Seuls les quartiers européens ou ceux de la "ville allemande", plus excentrés, nécessitent un moyen de locomotion.

L'architecture variée de la ville a fait dire à Le Corbusier qu'à Strasbourg "l'oeil ne s'ennuie jamais". C'est également vrai en ce qui concerne ses aspects culturels et gastronomiques.

Impossible de s'ennuyer dans une ville dont le budget en matière culturelle vient immédiatement après celui de la ville de Paris. Un opéra, une vingtaine de théâtres, dont le seul Théâtre National de province, neuf musées, des cafés-théâtres, des clubs de jazz ou des salles de musiques nouvelles, sans oublier le Centre européen de la jeune création installé dans une ancienne Laiterie, permettent à Strasbourg d'offrir une riche palette culturelle. Des festivals comme Musica, dédié à la musique contemporaine, ou le Festival International de Musique, plus classique, ont acquis une réputation européenne. En été, un grand spectacle en plein air, des concerts, des soirées

poétiques, des illuminations de la cathédrale font partie d'un programme extrêmement varié d'animations gratuites qui font la joie des Strasbourgeois et des touristes. Ces derniers peuvent d'ailleurs durant toute l'année profiter du "Strasbourg Pass" valable trois jours donnant de nombreux avantages pour profiter des attractions offertes en toute saison. Mais il est impossible de terminer sans une allusion aux plaisirs gastronomiques d'une ville où abondent restaurants étoilés et winstubs. Une étape dans l'un de ces locaux aux noms pittoresques reste la meilleure introduction à la découverte de Strasbourg.

Repères chronologiques

12 avant J.C. :	Installation d'un castrum par les Romains sur le site d'Argentoratum.
70 après J.C. :	Arrivée de la VIIIe légion Augusta à Argentoratum.
451 :	Argentoratum est dévastée par les Huns d'Attila, après avoir subi les invasions des Alamans.
496 :	Clovis bat définitivement les Alamans à Tolbiac et rattache ainsi Argentoratum à la Francie. Argentoratum devient Strateburgum, "la ville des routes".
842 :	les petits-fils de Charlemagne, Louis le Germanique et Charles le Chauve, échangent les célèbres Serments de Strasbourg, premiers témoignages écrits des langues romane et tudesque, et se partagent ainsi le royaume carolingien.
870 :	par le traité de Meersen, Louis le Germanique obtient l'Alsace qui va faire partie du Saint Empire Romain Germanique.
974 :	l'autorité épiscopale, qui régit la cité, obtient le droit de battre sa propre monnaie.
1176 :	début de la construction de la cathédrale actuelle.
1201 :	Strasbourg a son propre sceau : une Vierge aux bras étendus.
1262 :	les artisans prennent le pouvoir en battant les troupes épiscopales lors de la bataille de Hausbergen.
1332 :	profitant de la querelle entre les Zorn et les Müllenheim, familles nobles de la ville, les artisans constituent un conseil ayant à sa tête un Ammeister choisi parmi eux.
1349 :	troubles politiques dus à la peste noire et au massacre des juifs.
1439 :	achèvement de la flèche de la cathédrale.
1482 :	remaniement définitif de la Constitution de Strasbourg qui demeurera inchangée jusqu'à la Révolution.
1518 :	introduction de la Réforme par l'affichage des thèses de Luther.

1529 :	triomphe de la Réforme votée par l'assemblée des échevins.
1549-1559 :	intérim de 10 ans imposé par Charles Quint: la cathédrale est restituée au culte catholique.
1604 :	Traité de Haguenau : la guerre des évêques se solde par la victoire de l'élu catholique, Charles de Lorraine.
1621 :	la Haute Ecole fondée par Jean Sturm en 1538 accède au grade d'université.
1681 :	conséquence indirecte des traités de Westphalie, Strasbourg est rattachée à la France de Louis XIV.
1721 :	création par Charles-François Hannong de la manufacture de faïences de Strasbourg.
1744 :	Visite de Louis XV à Strasbourg qui lui réserve un accueil impressionnant.
21 juillet 1789 :	l'hôtel de ville de Strasbourg est pillé suite à l'annonce de la prise de la Bastille.
1790 :	De Dietrich devient maire de Strasbourg : c'est dans ses salons - place Broglie- que sera chanté pour la première fois le 26 avril 1792 , l'hymne qui deviendra "La Marseillaise".

1806- 1808 :	Napoléon et Joséphine séjournent à Strasbourg.

1836 :   Louis Napoléon
         échoue à soulever
         la garnison de Stras-
         bourg pour restaurer
         l'Empire.

1870 :   Siège de Strasbourg et
         capitulation devant
         l'empire allemand.

1871 :   Strasbourg devient
         capitale de la Terre
         d'Empire d'Alsace-
         Lorraine.

1918 :   après l'abdication
         de Guillaume II, un
         soviet de soldats et
         d'ouvriers s'installe à
         Strasbourg du
         10 novembre jusqu'à
         l'arrivée des troupes françaises conduites par le Général Gou-
         raud le 22 novembre.

1939 :   en prévision de la guerre, l'évacuation de toute
                    la population de Strasbourg est organisée dans le
                    sud-ouest de la France.

1940 :   le 18 juin, les troupes allemandes entrent dans
                    Strasbourg. Annexion de l'Alsace au Reich et
                    retour des réfugiés.

23 novembre 1944 : Libération de Strasbourg par les troupes du Géné-
                    ral Leclerc.

1949 :   Fondation du Conseil de l'Europe qui décide de
                    siéger à Strasbourg.

1979 :   première session du Parlement européen à Stras-
                    bourg présidée par Louise Weiss. Election du
                    parlement au suffrage universel.

1992 :   Au cours du sommet d'Edimbourg, Strasbourg est
                    désignée comme siège du Parlement européen, ce
                    qui a entraîné la construction d'un nouvel hémicy-
                    cle achevé en 1998.

La place de la Cathédrale ①

La place de la Cathédrale est le point de départ privilégié de tous les circuits. Elle occupe le site le plus élevé de Strasbourg, d'une hauteur de 144 mètres au dessus du niveau de la mer. Autrefois, des marchés - aux cerises, aux pains, aux guenilles- s'y tenaient quotidiennement. Aujour d'hui elle reste le foyer d'une animation perpétuelle liée à l'attraction de son édifice. Deux autres bâtiments méritent une attention particulière. Il s'agit de **la maison Kammerzell,** la plus grande et la plus ornée de toutes les maisons à colombage de Strasbourg. Sa façade est parcourue de soixante-quinze fenêtres dont les encadrements sculptés évoquent différents personnages de la bible et de la mythologie, mais aussi les signes

A l'ombre de la cathédrale, la plus belle des maisons à colombage de Strasbourg: la maison Kammerzell.

Avec ses soixante-quinze fenêtres entourées de sculptures illustrant des thèmes religieux ou profanes, la maison Kammerzell semble vouloir rivaliser avec la cathédrale.

du zodiaque, les cinq sens et une série de musiciens. Sur le poteau d'angle se succèdent trois grandes figures féminines représentant les vertus théologales. Au premier étage, la Charité est accompagnée de deux enfants et d'un pélican, tandis qu'aux étages supérieurs l'Espérance est symbolisée par un phénix et la Foi par un griffon. Au XVIe siècle, un marchand de fromage du nom de Martin Braun acquit cette

▲ *Sur le poteau d'angle : l'allé-gorie de la charité.*

◄ *Un rez-de-chaussée à arcatu-res médiévales.*

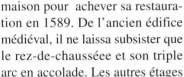

maison pour achever sa restaura-tion en 1589. De l'ancien édifice médiéval, il ne laissa subsister que le rez-de-chaussée et son triple arc en accolade. Les autres étages furent reconstruits pour céder la place à la splendide construction Renaissance que l'on peut encore voir aujourd'hui. Elle était connue sous le nom de Altes Haus jusqu'à ce que vers le milieu du XIXe siè-cle, elle devint la propriété d'un épicier de Wurzbourg Philippe-Fran-çois Kammerzell qui lui a laissé son nom. A l'intérieur, des fresques de Léo Schnug (1878-1933), peintre

Sous le regard grave des prophètes, des icônes modernes.

L'ancienne Pharmacie du Cerf, maintenant Boutique culture.

qui a également décoré le Haut-Koe-nigsbourg, représentent la Nef des fous et le Supplice de Tantale dans le style des artistes rhénans du XVIe siècle. Devenu propriété municipale en 1879 et classé monument histori-que, l'immeuble abrite aujourd'hui un restaurant.

Un peu plus loin, en face des por-tails occidentaux de la cathédrale se dressait **la Pharmacie du Cerf,** réputée pour être la plus ancien-ne de France, car elle est citée depuis le XIIIe siècle. Son rez -de-chaussée en pierre, dont les arcades sont ornées de branchages et de ser-pents, date de cette époque. Les éta-ges supérieurs à colombage sont de 1567 comme l'atteste la date encore perceptible sur la colonne de grès. Cette colonne de soutien qui ména-ge un intervalle avec la façade est appelée le Büchmesser, autrement dit le "mesureur de ventre", selon une tradition qui remonterait aux tailleurs de pierre, tenus à ne pas dépasser une certaine corpulence pour pouvoir se glisser dans les in-terstices de la cathédrale.

La cathédrale ②

"Prodige du gigantesque et du délicat", la cathédrale répond tout à fait à la définition de Victor Hugo par sa flèche qui culmine à 142 mètres et par son aspect de dentelle de pierre. L'édifice repose sur les fondations d'une ancienne basilique romane construite en 1015 par l'évêque Wernher, de la famille des Habsbourg. Détruite par un incendie, elle fut remplacée par une nouvelle cathédrale. Plus de trois siècles

s'écoulèrent ainsi, des fondations commencées en 1176 à la flèche terminée en 1439. Sa hauteur fit de Notre-Dame de Strasbourg l'édifice le plus élevé de la chrétienté jusqu'au XIXe siècle où elle fut dépassée par les clochers d'Ulm et de Cologne. Une partie de la crypte et de l'abside sont des vestiges de l'ancienne basilique wernherienne de type roman. Vers 1225, l'arrivée d'une équipe venant de Chartres révolutionna le cours de la construction.

Un maître d'œuvre dont le nom ne nous est pas parvenu initia les artisans locaux aux splendeurs de l'art gothique ignoré jusque là. Il y laissa des chefs-d'œuvre, tels que le Pilier des Anges et les statues de l'Eglise et de la Synagogue (croisillon et portail sud).

Inscrite au coeur de la vieille ville, une cathédrale dont l'esplanade est toujours très animée.

La façade principale

La façade occidentale fut entreprise vers 1270. Une de ses singularités réside dans les arcatures ajourées fixées devant les murs porteurs, lui donnant un aspect de dentelle minérale. Il revient aux historiens de l'art de les avoir qualifiées de "harpes de pierre" en français et de "Harfenmasswerk" en allemand.

Les tympans de ses trois portails sont consacrés à la vie du Christ et au Jugement dernier. Sur les piédroits du portail droit, le groupe, assurément le plus célèbre, est composé du Tentateur et des Vierges Sages et Folles. Au portail gauche, les Vertus terrassent les Vices avec beaucoup d'élégance.

Un double gâble d'une étonnante légèreté surmonte les portails. Au centre, dans un encadrement de pierre de seize pétales finement ajourés, fleurit la rosace attribuée à Erwin de Steinbach, maître

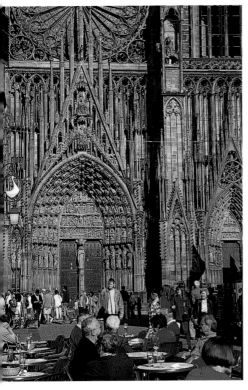

Des "harpes de pierre" encadrent les portails de la façade.

*Horaires d'ouverture de **la cathédrale** : tous les jours de 7h à 11h40 et de 12h40 à 19h.*
Horaires de l'Horloge Astronomique : tous les jours à 12h30. Entrée portail sud à partir de 12h. Tickets de vente à partir de 11h50
Montée à pied à la plate-forme de la cathédrale (329 marches).

Notre-Dame de Strasbourg, se caractérise par sa tour unique, dont la flèche culmine à 142 mètres de haut. Goethe aimait saluer le coucher du soleil, du haut de la plate-forme.

Le portail principal relate la passion du Christ avec de petits détails grotesques, chers aux sculpteurs du Moyen-Age.

d'œuvre de la cathédrale de 1284 à 1318. Au dessus d'elle, deux tours reliées par un beffroi depuis la fin du XIVe siècle, composent la plate-forme, sur laquelle on peut accéder pour y jouir d'un merveilleux pano-rama.

Portail sud:
La Synagogue

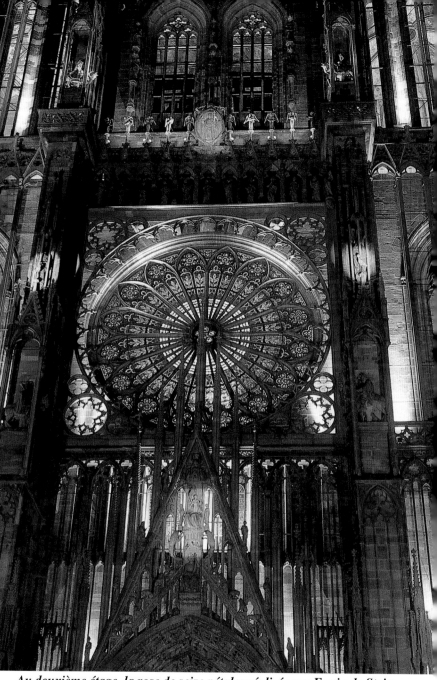

Au deuxième étage, la rose de seize pétales réalisée par Erwin de Steinbach, offre l'allure d'un joyau serti dans une bague précieuse.

La plate-forme

Arrivé à la plate-forme, le visiteur approche à peine de la moitié de la hauteur de l'édifice (66m), contrairement à ce que pourrait lui faire croire depuis le sol une illusion d'optique. Sur la plate-forme se dresse la tour octogonale construite par Ulrich d'Ensingen avant que Jean

◄ *Du haut de la plate-forme, vue plongeante sur les toits de la ville.*

Une flèche de structure pyramidale couronne l'ensemble. ►

La maison Kammerzell vue d'en-haut. ▼

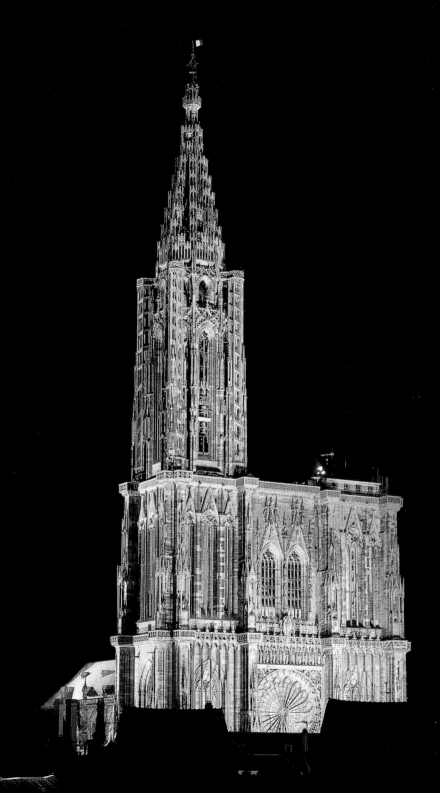

Hultz de Cologne ne prenne le relais pour la surmonter d'une flèche ajourée. Celle-ci est composée de huit escaliers intérieurs qui aboutissent à une tourelle couronnée d'une croix. Cette excursion jusqu'à la pointe extrême de la flèche fut autorisée jusqu'au siècle dernier et a inspiré plusieurs écrivains comme Goethe et Stendhal qui la relatent dans leurs écrits.

Les portails latéraux

Sur le côté sud de la cathédrale, le beau portail de l'Horloge, le plus ancien de la cathédrale puisque d'inspiration encore romane, est flanqué des statues de l'Eglise et de la Synagogue. Le tympan de la porte de gauche est décoré d'une admirable mort de la Vierge entourée des apôtres venus de toutes les parties du monde pour l'assister dans sa fin. Changement de décor pour le côté nord de la cathédrale, où le portail des trois rois mages donne un bon exemple du style réaliste de la fin du Moyen-Âge, tandis que le tympan est une reconstitution du martyre de St Laurent.

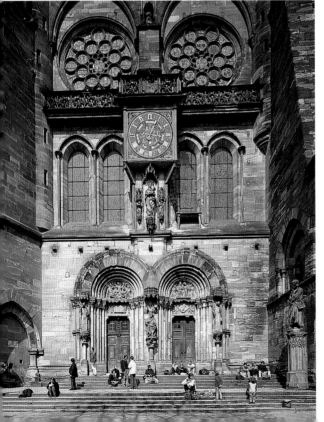

Le double portail du transept sud est d'inspiration romane.

L'intérieur

La nef (64m de long, 32m de haut), inspirée de celle de Saint-Denis, fut construite en deux campagnes entre 1240 et 1275. Ce qui frappe le visiteur dès son entrée, c'est qu'elle a gardé la plupart de ses verrières d'origine. Leur éclat doré est dû à l'emploi de teintes claires que privilégièrent toujours les maîtres-verriers strasbourgeois. Les vitraux les plus anciens du XIIIe siècle, se trouvent dans le bas-côté nord et représentent une succession d'empereurs du Saint Empire Romain Germanique. La Vierge du choeur, don du Conseil de l'Europe en 1957,

Le buffet d'orgue, avec, en bas à droite, son célèbre Rohraffe qui se présente sous la forme d'un personnage barbu (XIVe siècle).

est un vitrail contemporain de Max Ingrand.

Au niveau du mobilier, le buffet d'orgue de 1385 orné de singuliers personnages dont le Rohraffe ou singe gieux de la Pentecôte. Leur mission: dénoncer les excès de l'Eglise qui avant la Réforme défrayaient la chronique. Un autre grand prédicateur de l'époque ne se privait pas de le faire:

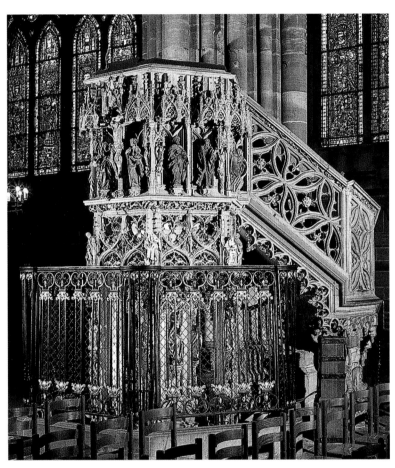

La chaire, de 1485, construite par Hans Hammer.

hurleur ne manque pas d'attirer l'attention. Durant tout le Moyen-Age, ces mannequins articulés auxquels un clerc caché à l'intérieur donnait la parole, suscitèrent la plus grande des affluences lors des offices religieux de la Pentecôte. Leur mission: c'était le fameux Geiler de Kaysersberg pour lequel fut spécialement construite en 1485 la chaire de style gothique flamboyant que l'on peut encore voir aujourd'hui.

Une nef de 32 mètres de haut.

Le transept

Le croisillon nord repose encore sur un massif pilier roman. Dans cette partie de l'édifice se trouve les plus anciens vitraux de la cathédrale (fin XIIe, début XIIIe siècles). Ils représentent les deux Saint Jean, un jugement de Salomon et une petite Vierge orante en provenance du premier sanctuaire roman édifié en ce lieu. De l'époque romane date également la frise sculptée de personnages fabuleux qui orne la niche abritant des fonds baptismaux de style gothique flamboyant, dus à Jodoque Dotzinger en 1453.

Un groupe sculpté dans une attitude très théâtrale attire l'attention: il s'agit d'un mont des Oliviers de 1498 autrefois dans le cimetière de l'église St Thomas. C'est vers le croisillon sud que se dirigent en priorité les visiteurs les plus pres-

Le mont des Oliviers de 1498.

sés. Et pour cause: tous ont entendu parler de la fameuse horloge astronomique, merveille de la science et de la technique. Héritage de la Réforme, elle fut achevée vers 1570 par le mathématicien strasbourgeois

La chapelle Saint Jean-Baptiste.

Sous la coupole romane, le choeur plusieurs fois remanié.

Le Pilier des Anges.

ses avant d'adresser sa bénédiction à la foule. Le reniement de Pierre est rappelé par le chant et les battements d'ailes d'un coq. Un autre défilé a, quant à lui, lieu tous les quarts d'heure: c'est celui des quatre âges de la vie défilant devant la mort, tandis qu'un ange tourne un sablier à chaque changement d'heure. Enfin, il ne faudrait pas manquer d'admirer ces dieux de l'Antiquité qui, de Mars à Vénus, défilent dans leurs chars élégants, pour symboliser différemment chaque jour de la semaine. Cette première curiosité découverte, toute l'attention peut alors se porter sur le Pilier des Anges, en fait un Jugement dernier daté des années 1225-30, dont les personnages émergent de la pierre en une ronde délicate marquant avec on ne peut plus d'éclat l'avènement du style gothique dans la cathédrale.

Sont à voir également les différentes chapelles. Saint André, la plus ancienne, St Jean pour le tombeau de Conrad de Lichtenberg et l'épitaphe de Nicolas Gerhaert de Leyde, Ste Catherine pour ses vitraux du XIVe siècle, St Laurent pour son autel du XVIIIe siècle.

Conrad Dasypodius et une équipe d'horlogers suisses. Hors d'usage depuis la Révolution, Jean-Baptiste Schwilgué l'anima d'une vie nouvelle en 1842. Enrichie par ses soins d'un planétaire copernicien et d'un comput ecclésiastique, l'horloge attire surtout par le jeu de ses automates qui tous les jours à midi trente s'ébranlent au grand complet devant le Christ qui les bénit à trois repri-

La célèbre Horloge Astronomique avec ses automates.

Le Palais Rohan ③

De 1704 à la Révolution, quatre cardinaux de la famille de Rohan se succédèrent à la tête de l'évêché de Strasbourg. Le premier d'entre eux, Armand Gaston, fils naturel de Louis XIV et qualifié par Saint-Simon de "plus beau prélat du Sacré Collège", entreprit la construction d'un nouveau palais épiscopal dans une ville, dont le rattachement à la France, en 1681, marquait aussi le retour à la religion catholique. Souverain temporel autant que prince d'église, le prélat voulait un palais prestigieux. Les plans furent confiés

Le Palais Rohan, autrefois demeure épiscopale, abrite aujourd'hui trois musées.

2, place du Château
Ouverture : tous les jours de 10h à 18h, sauf le mardi.
Renseignements: tél. 03 88 52 50 00

Le salon des évêques au Palais Rohan.

à Robert de Cotte et les travaux, commencés en 1730, s'échelonnèrent sur plus de dix ans, avec la collaboration d'artistes et d'artisans venus de toute l'Europe. Le Palais épiscopal offre la forme d'un vaste quadrilatère en grès jaune et rose construit autour d'une cour centrale. Son portail principal donne sur la Place du Château et se trouve pratiquement en face du portail sud de la cathédrale. Sa façade sur l'Ill que prolonge une vaste terrasse est d'une grande harmonie. Au centre, quatre colonnes d'ordre colossal supportent un fronton et un toit en dôme à l'impériale. L'iconographie des sculptures est fort différente selon qu'on se trouve côté cathédrale ou côté Ill. En effet, d'un côté prédominent les motifs à caractère religieux ou moral. Par

exemple, au-dessus du grand portail sont représentés la Foi sous la forme d'une statue portant une croix et l'évangile ainsi que la Tempérance, figurée par un enfant conduisant un lion. Côté Ill figurent des motifs profanes: les quatre saisons, les cinq sens, les héros et divinités de l'Antiquité, les heures. Une des plus belles sculptures, un visage de femme aux yeux mi-clos personnifiant la nuit, se trouve sous la chapelle à gauche de l'édifice. Sur la façade à l'intérieur de la cour, on remarque les quatre parties du monde et les tempéraments humains, séparés au centre par la figure du fou. Tous ces motifs de mascarons ont fait école et on peut les voir, disséminés à travers la ville, sur un grand nombre de constructions privées du XVIIIe siècle.Louis XV fut le premier hôte des appartements princiers conçus selon l'étiquette de Versailles. A cette occasion, la terrasse servit de cadre à de somptueuses festivités, comme elle le fut aussi en l'honneur de Marie-Antoinette. Mais quelques années plus tard, il ne fut plus question que de l'affaire du collier de la Reine, dans laquelle le Cardinal était compromis. Bombardé en 1870, puis en 1944, le Palais a retrouvé son apparat d'antan. Les appartements comportent la Salle du Synode, le Salon des évêques , la Chambre du Roi et la chapelle-bibliothèque que l'on peut visiter ainsi que les petits appartements, pièces plus exiguës et plus confortables servant à l'habitation quotidienne. La Chambre du Roi ou salle du dais est conçue exactement en fonction de l'étiquette de Versailles. Le décor, fait de glaces et de sculptures asymétriques,

est de style rocaille. Tous les motifs décoratifs ont le sommeil pour thème : des pavots, fleurs du sommeil, des libellules, symboles des rêves, des personnages coiffés de bonnets de nuit entourés de chauves-souris et d'oiseaux nocturnes, etc. A ne pas manquer non plus: la bibliothèque tout en or et en acajou, œuvre de l'ébéniste Bernard Kocke. Dans le Petit Appartement, parallèle au Grand qui donne sur la cour d'honneur, on peut voir dans le "salon du matin", les portraits des quatre Rohan qui se sont succédés sur le trône

▲ *Encrier de Paul Hannong d'enviro 1750 au Musée des Arts Décoratifs.*

◄ *Vue de la salle au Musée Archéologique.*

▼ *Vitrines de céramiques au Musée Archéologique.*

épiscopal de 1704 à 1803: Armand Gaston (1704-49), François Armand (1749-56), Louis- Constantin (1756-79) et, enfin, le cardinal "Collier", Louis-René-Edouard (1779-1803) qui émigra à Ettenheim après la Révolution française.

Mais surtout, le Palais abrite trois musées extraordinaires: **Le Musée Archéologique**, est un des plus importants de France et permet de découvrir plusieurs millénaires de

La Belle Strasbourgeoise de Nicolas de Largillière au Musée des Beaux-Arts.

Vue de la Salute depuis l'entrée du Grand Canal par Canaletto au Musée des Beaux-Arts.

l'Alsace, de 600-000 avant J.C à 800 après J.C. présentés dans une scénographie très contemporaine.

Le Musée des Arts décoratifs, au rez-de-chaussée, réunit notamment les céramiques Hannong du XVIIIe siècle, avec de spectaculaires pièces en trompe-l'oeil, et invite à parcourir les somptueux appartements des cardinaux agencés selon l'étiquette de Versailles.

Le Musée des Beaux-Arts présente un aperçu de l'histoire de la peinture en Europe du Moyen-Age à 1870, avec, notamment, des œuvres de Giotto, Memling, Botticelli, Raphaël, Le

Greco, Rubens, Canaletto, Tiepolo, Goya, Corot et Courbet. C'est depuis l'embarcadère du Palais Rohan situé place du Marché-aux-Poissons- que partent les vedettes touristiques qui proposent des promenades sur l'Ill.

Toute l'année. De jour, de nuit. Renseignements, réservations au 03 88 84 13 13. Embarcadère 03 88 32 75 25.

Le Musée de l'Œuvre Notre-Dame ④

Au numéro 3 de la place du Château, des bâtiments jumeaux - l'un coiffé d'un pignon crénelé de 1347, l'autre d'un pignon à volutes de 1585 - témoignent d'une transition harmonieuse entre les styles. L'ensemble est complété par l'hôtel du Cerf et une maison à colombage du XVIIe siècle qui s'ouvrent sur un jardinet gothique aménagé d'après les prescriptions d'Albert Le Grand. Tous ces édifices abritent le musée de l'Œuvre Notre-Dame qui doit son nom à la fondation médiévale chargée de rassembler les biens nécessaires à la construction de la cathédrale. Destiné à l'origine aux statues de la cathédrale, ce musée

Un jardinet gothique aménagé selon les prescriptions d'Albert le Grand (XIII siècle).

3, place du Château
Ouverture: tous les jours de 10h à 18h, sauf le lundi.
Renseignements: tél. 03 88 52 50 00

Le Musée de l'Œuvre Notre-Dame avec ses pignons jumeaux, l'un crénelé et l'autre à volutes, synthèse du Moyen-Age et de la Renaissance.

Sainte Catherine et Sainte Madeleine, tableau de Conrad Witz au Musée de l'Œuvre Notre-Dame.

est consacré aujourd'hui à l'ensemble des arts à Strasbourg et dans les régions du Rhin Supérieur entre le XIe et le XVIIe siècles. Sculptures, peintures, vitraux, orfèvreries, tapisseries rendent compte de cette évolution. A ne pas manquer : la reconstitution du cloître roman d'Eschau, les statues originales des portails de la cathédrale, les sculptures de Nicolas Gerhaert de Leyde et les natures mortes de Sébastien Stoskopff. La magie des lieux est demeurée intacte, notamment dans l'ancienne loge des tailleurs de pierre. Cette corporation - toujours en charge de l'entretien de la cathédrale - n'en demeure pas moins active, mais dans d'autres locaux situés rue de la Plaine-des-Bouchers.

Le Tentateur, sculpture originale du XIIIe siècle au Musée de l'Œuvre Notre-Dame. ▶

Illustrant la fin du Moyen-Age, le rétable de Saint Sébastien au Musée de l'Œuvre Notre-Dame.

Rue du Maroquin
Place du Marché-aux-Cochons-de-Lait ⑤

Dans la rue du Maroquin, autrefois rue des Cordonniers, règne une animation permanente, du fait des nombreux restaurants qui s'y trouvent. Il serait dommage de manquer la vue que l'on peut avoir, par une étroite ouverture, sur le jardinet gothique de l'Œuvre Notre-Dame. Cette artère piétonne mène à la Place du Marché-aux-cochons-de-lait, dont le nom est lié à l'ancienne Grande Boucherie, aujourd'hui Musée Historique, situé à proximité. A remarquer au n°1, la grande maison d'angle à colombage, ornée de galeries extérieures en bois, très rares en ville. Sur son toit se dresse une girouette en forme de brodequin. Elle rappelle que l'empereur Sigismond, entraîné au bal par les dames de la ville sans avoir eu le temps de se chausser, se serait arrêté ici, dans l'échoppe d'un savetier, ses pieds étant trop meurtris pour poursuivre sa folle sarabande.

La première zone piétonne de Strasbourg.

Le Musée Historique ⑥

Installé dans l'ancienne grande boucherie municipale datant de 1587, il propose dans sa nouvelle version scénographique, pour faire revivre le passé sous une lumière théâtrale, 2 grands chapitres de l'histoire de Strasbourg :- la ville libre du Saint-Empire romain germanique (1262 - 1681) - la ville libre royale et révolutionnaire (1681-1800) qui s'achève avec la mort du général Kléber. Le clou de l'exposition : le plan relief daté de 1727 et son spectacle audio-visuel virtuel, intégré à la pointe de l'évolution technologique.

Le Musée Historique situé dans l'ancienne grande boucherie de 1586.

Le Musée Historique:

3, Place de la Grande Boucherie – Tel. 0388525000

La Cour du Corbeau ⑦

Le pont du Corbeau est de sinistre mémoire, puisqu'il porte aussi le nom de pont des suppliciés. C'est à cet endroit en effet qu'au Moyen-Age les condamnés emprisonnés dans des cages de fer étaient immergés dans les eaux de l'Ill.

En face, derrière une façade neutre,

Gérard de Nerval, non mentionné, mais dont Alexandre Dumas relate le séjour mouvementé en septembre 1836. La partie la plus typée des bâtiments, avec ses galeries en bois, sa tourelle d'escalier et sa passerelle, est

Une des plus anciennes auberges de Strasbourg.

au n°1 quai des Bateliers se cache la plus ancienne des auberges de Strasbourg. Mentionnée dès 1306, elle s'appelait autrefois "Zum Rappen", "A l'étalon", qui s'est transformé en "Zum Raben" "Au Corbeau". Dans la cour pavée, ornée d'une fontaine Renaissance à l'ombre d'un grand marronnier, un puits de cuivre rappelle les hôtes illustres qui y ont été hébergés. Parmi eux, le maréchal de Turenne en 1647, Jean-Casimir, roi de Pologne, en 1669, Frédéric le Grand, roi de Prusse, en 1740. Il y eut aussi

datée de 1632. Au rez-de chaussée, derrière de grands vantaux de bois, se trouvaient les stalles destinées aux écuries et aux voitures. Du XVIIIe siècle jusqu'à 1854, date de sa fermeture, l'Hostellerie servait aussi de Poste aux chevaux. Au fond de la cour s'élève un haut bâtiment avec oriel et pignon, dont les larges baies vitrées abritaient probablement la salle commune de l'auberge. Cet immeuble actuellement en cours de rénovation deviendra un hôtel de prestige.

Le Musée Alsacien ⑧

Il faut ensuite traverser la place du Corbeau pour prendre le quai St Nicolas et rejoindre **le Musée Alsacien.**

Sa création remonte à la fin du siècle dernier. Au départ, il n'occupait qu'une des jolies maisons Renaissan-

L'enseigne du Musée Alsacien conçue par Paul Braunagel en 1906.

ce, sises au bord de l'Ill. Depuis, il a investi celles du voisinage, ce qui lui permet d'étaler tout à loisir ses trésors. Ce musée d'art populaire rassemble les témoignages de la vie alsacienne traditionnelle, organisés autour de thèmes précis : l'habitat, le mobilier, les cérémonies relatives aux âges de la vie, l'imagerie religieuse et profane. Plutôt qu'à un musée, c'est à une demeure particulière qu'il fait penser : dans la cuisine, on s'attend à voir la Suzel de l'Ami Fritz d'Erckmann-Chatrian s'essuyant les mains sur son tablier. Dans la stub, les habitants semblent être partis aux champs. A ces reconstitutions d'intérieurs, qui vont de celui du vigneron d'Ammerschwihr au marcaire de la vallée de Munster, s'ajoutent des ateliers : forge, corderie, fleurs artificielles, etc. Un musée plein de cachet et de recoins secrets, dont il convient de parcourir avec lenteur les parquets cirés. Le musée alsacien comporte également d'intéressantes collections d'art religieux catholique, protestant et juif, avec notamment des souhaits de baptême ou "goettelbrief" très ouvragés selon différentes techniques.

Le Musée Alsacien
23, quai Saint - Nicolas - Ouverture : tous les jours, de12h à 18h, sauf le mardi. Renseignements: tél. 03 88 52 50 01

La Stub de Wintzenheim au Musée Alsacien.
▶

La cuisine du Musée Alsacien.
▼

Céramiques de Betschdorf au Musée Alsacien.

▲
Un souhait de baptême de 1863 au Musée Alsacien.

◀
La salle du vignoble au Musée Alsacien.

L'église Saint-Thomas ⑨

Traversant le pont Saint Nicolas, vis-à-vis de l'église du même nom, une très jolie flânerie peut se faire en longeant le cours de l'Ill aménagé en promenade. Il suffit d'emprunter en face de la maison Renaissance, 1 rue de la Douane, le petit escalier qui mène jusqu'au quai. De là, on longe la rive et après avoir passé sous le pont St Thomas, inscrit à l'inventaire des Monuments Historiques comme témoignage de l'archi-

L'orgue de Saint Thomas sur lequel Albert Schweitzer a donné de nombreux concerts.

L'église Saint Thomas est ouverte toute l'année.
Renseignements: tél. 03 88 32 14 46

Une église-halle dont la nef et les bas-côtés sont d'égale hauteur.

tecture métallique des années 1840, on remonte vers la chaussée pour rejoindre **l'église St Thomas**, aisément repérable à son clocher roman. Cette église, fondée à l'origine par des moines irlandais, fut construite entre le XIIe et le XVe siècles. L'extérieur de l'église frappe par son aspect massif. Sa façade occidentale se présente sous la forme d'une tour-porche, datant de 1230. Elle est ornée d'une rosace inspirée de celle du transept sud de la cathédrale et d'une arcature lombarde reposant sur des têtes sculptées, réminiscence romane. Elle fut la première à adopter le protestantisme lorsque la ville se convertit à la Réforme en 1529. C'est aujourd'hui la plus importante paroisse luthérienne d'Alsace. L'intérieur se présente comme une "église-halle", caractérisée par une nef et des bas-côtés d'égale hauteur, comme on peut en voir en Rhénanie et aux Pays-Bas. C'est un véritable musée de sculptures funéraires, avec notamment le tombeau de l'évêque Adeloch du XIIe siècle. De nombreux professeurs illustres de l'université de Strasbourg y sont enterrés comme Jean-Daniel Schoepflin, Christophe Guillaume Koch, Jérémie Jacques Oberlin. Le monument le plus célèbre est le mausolée du maréchal de Saxe qui orne le choeur. Dû au ciseau du sculpteur Jean-Baptiste Pigalle qui l'a réalisé tout en marbre blanc, il fait partie des chefs-d'œuvre de la statuaire française du XVIIIe siècle. Le maréchal descend majestueusement au tombeau, entouré d'animaux symboles des nations qu'il a vaincues au cours de sa fulgurante carrière militaire au service de Louis XV. Mais pour goûter pleinement l'atmosphère de cette église, il faut assister à un concert donné sur ses orgues Silbermann, d'une sonorité exceptionnelle. Albert Schweitzer, prix Nobel de la Paix, en joua fréquemment lorsqu'il vivait à Strasbourg.

Chef-d'œuvre de la sculpture funéraire: le mausolée du Maréchal de Saxe sculpté par Pigalle.

La Petite France ⑩

Au sortir de l'église Saint Thomas, la rue de la Monnaie où, jusqu'au XVIIIe siècle, la ville de Strasbourg frappait sa propre monnaie, mène par la rue des Dentelles jusqu'à la place La rue des Dentelles, bordée de maisons pittoresques mais aussi du bel hôtel de Rathsamhausen daté de 1587 dont on peut admirer la cour intérieure, s'appelait

L'écluse : un passage obligé sur le canal de la navigation.

Benjamin Zix. Ici se trouve le coeur de la **Petite France,** dont la dénomination n'a pourtant rien de patriotique. Ce quartier abritait en effet un hôpital où l'on soignait le "mal français" ou syphilis, propagée par les troupes de François Ier. L'hôpital disparu, seul subsiste le nom, qui désigne l'ensemble de cet ancien quartier de tanneurs, parcouru de canaux.

autrefois Spitzegasse. Elle était en effet située à l'angle du Fossé des Tanneurs qui s'écoulait alors dans l'Ill avant d'être recouvert en 1877. Une traduction erronée de l'allemand au français lui a donné son nom poétique. Au bord de l'Ill, la place Benjamin Zix, ombragée, est un endroit privilégié pour admirer les anciennes maisons de tanneurs.

47

Vue aérienne, avec les Ponts Couverts derrière lesquels se profilent la

Petite France et la vieille ville et, trônant au milieu, la cathédrale.

La maison des Tanneurs, ancien siège de cette corporation.

Leurs toitures sont particulières car elles présentent de larges ouvertures pour faciliter l'aération des greniers où séchaient les peaux. La plus remarquable s'appelle la Maison des Tanneurs et abritait autrefois le siège de cette corporation. Une autre, dénommée "Lohkäs", intrigue par sa dénomination. Elle évoque les petits fromages (käs) de tanin (lohe) que l'on récupérait comme matériau de combustion après s'en être servi pour préparer les peaux au tannage.

La promenade peut se poursuivre soit par la rue du Bain-aux-Plantes, soit en continuant à longer le cours du canal de la navigation. Il faut dans ce cas franchir un pont tournant métallique, qui s'ouvre au passage des vedettes touristiques. Un peu de

De jour comme de nuit, des vedettes touristiques parcourent la Petite France.

Sur la place Benjamin Zix, des peintres comme à Montmartre.

Les toits échancrés des maisons servaient autrefois de séchoirs aux tanneurs.

À la Petite France-qu'il fait bon canoter.

patience est alors requise de la part des piétons qui doivent attendre leur tour. Mais c'est l'occasion d'admirer les sculptures chantournées de la Fondation Goethe qui s'élève à cet endroit. Le chemin se poursuit, avec toute une palette de maisons aux couleurs pastel qui se reflètent dans l'eau pour mener aux Ponts Couverts que signalent quatre tours médiévales. Ces tours massives, carrées, sont un vestige de l'ancienne ceinture de fortifications qui en comportait plus de quatre-vingts au total. Datant du troisième agrandissement de la ville autour de 1230 et 1250, elles étaient un gage de l'indépendance dont jouissait Strasbourg, alors ville libre du Saint Empire Romain Germanique. Portant les noms de Tour du Bourreau, "Heinrichsturm", "Hans von Altheimturm" et Tour des Français, elles servirent longtemps de prison. Les ponts, les plus anciens de la ville, autrefois fortifiés comme le Ponte Vecchio à Florence, ont perdu leur toiture au XVIIIe siècle et ont été remplacés par de nouveaux ponts en pierre de taille au XIXe siècle. En face se dresse le barrage Vauban dont Louis XIV exigea la construction après le rattachement à la France en 1681, afin de renforcer les anciennes fortifications médiévales. Il s'agit en fait d'un barrage - écluse, dont l'abaissement des vantaux permettait l'inondation du front sud de la ville en cas d'invasion. De nos jours, le sommet de cet édifice militaire est recouvert d'une terrasse panoramique. De ce point de vue se dessine parfaitement la configuration d'un quartier qui se présente comme un delta fluvial formé de quatre canaux portant les noms de Zornmühle, Dinsenmühle, Spitzmühle et du canal de la navigation. Des noms rappellant que les tanneurs voisinaient avec les meuniers, même si les grands moulins ont aujourd'hui disparu. Entre les canaux, d'agréables petits squares

Des tours médiévales, vestiges de la ceinture de fortifications.

ont été aménagés. Et dans le ciel se profilent les clochers de toutes les églises principales de Strasbourg. Au premier plan se dresse la plus singulière de toutes: St. Pierre-le-Vieux avec ses deux clochers, l'un catholique, l'autre protestant.

La vision qu'offre la terrasse de l'autre côté est totalement différente : l'Hôtel du Département de l'archi-

Vestiges des fortifications médiévales de la ville renforcées, à l'avant par un

tecte Vasconi et le Musée d'Art Moderne d'Adrien Fainsilber avec ses
immenses baies vitrées illuminées
dès la tombée du jour mêlent leurs
silhouettes contemporaines au petit
clocher de l'ancienne commande-
rie St Jean (aujourd'hui Ecole Nationale d'Administration - ENA),
appelant à un gigantesque bond à
travers les siècles.

astion du XVIe siècle.

Le Musée d'Art Moderne et Contemporain ⑪

Constuit par l'architecte Adrien Fainsilber et inauguré en novembre 1998, le MAMCS s'ouvre sur la Petite France par une terrasse panoramique qui surplombe l'Ill. Dès l'entrée, le visiteur est appelé à parcourir une grande nef, véritable rue intérieure qui dessert les différentes salles et les services, tels la librairie-boutique, l'auditorium, la bibliothèque et le café-restaurant. Tous les grands courants de l'art de la fin du XIXe siècle et du XXe siècle sont représentés. Les œuvres de Gauguin, Rossetti, Rodin, Bonnard, Braque, Picasso, Richiez, Kudo, Schönbeck côtoient celles des mouvements Fluxus et de l'arte povera. Une large place est faite aux artistes d'origine alsacienne ou ayant travaillé en Alsace. Véritable vitrine du musée, la première salle toute en transparence à l'entrée est consacrée à Hans Arp, tandis qu'un peu plus loin une autre salle a été spécialement conçue pour accueillir l'œuvre de Gustave Doré, notamment sa peinture monumentale intitulée: "Le Christ quittant le prétoire". Le Musée d'Art Moderne et Contemporain dispose aussi d'un exceptionnel fonds photographique de plus de 4000 œuvres, dont la plus ancienne remonte à 1842. Des photographies d'Eugène Atget font le pont entre le XIXe siècle et le début de la modernité.

La façade principale du Musée d'Art Moderne et Contemporain avec le cheval réalisé par Paladino.

1, place Hans-Jean Arp
Renseignements: tél. 03 88 23 31 31

▲
*Une belle en-
volée au Musée
d'Art Moderne
et Contempo-
rain.*

◄
*Allégorie du
Printemps au
Musée d'Art
Moderne et Con-
temporain.*

*Femme et Voilier
de Marcelle
Cahn au Musée
d'Art Moderne et
Contemporain.*

*Sculpture de
Hans Arp au
Musée d'Art Mo-
derne et Contem-
porain.* ▼

La place de l'Homme-de-Fer ⑫

Sans grande identité jusqu'alors, la Place de l'Homme de Fer s'est trouvée complètement remodelée avec la mise en service du tramway. La grande rotonde de verre de 700 m^2 qui désormais la caractérise signale en premier lieu une station de tramway destinée à jouer un rôle de plus en plus important. La place est devenue un axe d'échange des différents modes de circulation, puisqu'elle réunit en un même endroit des stations de tram et de taxis et constitue une sorte d'antichambre à la zone piétonne. L'Homme de Fer, qui lui donne son nom, est toujours en place. Il s'agit de l'enseigne d'une pharmacie qui représente un homme en armure du XVIIe siècle. Jusqu'en 1681, en effet, à l'appel du tocsin, tous les membres des corporations strasbourgeoises devaient se présenter, ainsi armés de pied en cap devant la cathédrale, prêts à défendre la ville contre un éventuel ennemi. L'Homme de Fer actuel est une copie, datant du siècle dernier, de l'original conservé au Musée Historique.

La rotonde devenue emblématique de la place de l'Homme de Fer.

La place Kléber

Rénovée et agrandie, la place Kléber constitue plus que jamais le coeur de la ville. Des lampadaires modernes voisinent avec des arbres fraîchement plantés. La statue du général Kléber, natif de Strasbourg, trône disciples de St François d'Assise, occupait la plus grande partie du site. C'était au temps où elle s'appelait Place des Déchaussés. Au XVIIIe siècle, elle devint Place

Devant l'Aubette du XVIIIe siècle , un tramway très contemporain.

sur son socle depuis 1840. Et toute une escadrille de drapeaux font claquer leurs couleurs. Haut lieu des animations publiques, la place est de toutes les fêtes. Au Moyen-Age, une grande église attenante à un couvent de moines cordeliers, d'Armes. Les chants militaires succédèrent aux chants religieux et les parades militaires aux processions. Construite par Jean-François Blondel, l'Aubette était destinée à abriter le corps de garde, auquel les ordres étaient transmis à l'aube. Après le

siège de 1870, le bâtiment, devenu
conservatoire de musique, fut restauré et décoré de médaillons de
musiciens, comme Mozart, Gluck,
Haendel, que l'on peut encore voir
aujourd'hui. Par la suite, l'intérieur
accueillit un restaurant, dont la dé-
coration fut confiée en 1929 à Hans
Arp, autre natif de la ville, à son
épouse Sophie Taeuber et à Théo
Van Doesburg. Il s'agissait d'un au-
dacieux complexe de loisirs compor-
tant salon de thé, cinéma, salle de
bal, billard, boîte de nuit, etc. Classé Monument Historique, le "Ciné-
Bal" vient d'être restauré.

Incontournable, la place Kléber...

... et son animation permanente.

La place Gutenberg ⑭

Toutes les semaines, des échoppes de bouquinistes viennent prendre leurs quartiers au pied de la statue de Gutenberg, érigée en 1840. Strasbourg lui devait bien une statue. C'est dans ses murs qu'il a conçu le principe de l'imprimerie à caractères mobiles. A l'époque, il n'était qu'un jeune patricien de Mayence en exil, pressé par des soucis d'argent et suscitant une curiosité dubitative. En 1455 pourtant paraissait

Et la lumière fut !

la première bible imprimée par ses soins. La statue de Gutenberg fut réalisée par le sculpteur David d'Angers, artiste attitré de l'époque romantique. Lorsqu'elle fut érigée, les festivités durèrent plus de trois jours au cours desquels défilèrent les corporations strasbourgeoises en grand costume. Sur le socle de la statue, quatre panneaux représentant les bienfaits de l'imprimerie à travers le monde méritent qu'on s'y attarde. Qui devinerait en effet les remous que suscitèrent à l'époque les panneaux consacrés à l'Europe ? En effet, l'artiste aurait voulu y représenter, entre autres personnages célèbres, Luther et Bossuet. Devant le tollé des catholiques et des protestants, il remplaça les figures contestées par celles d'Erasme et de Montesquieu, deux champions de la tolérance. L'invention de l'imprimerie contribua à la prospérité de Strasbourg. Durant tout le XVe et XVIe siècle, la ville fut une des capitales de l'édition et joua un rôle déterminant dans la propagation des idées de la Réforme. Les innombrables livres sortis des presses strasbourgeoises étaient souvent remarquablement illustrés par des artistes aussi célèbres que Hans Baldung Grien, dont on peut voir les tableaux au Musée de l'Œuvre Notre-Dame.

Pause au pied de la statue de Gutenberg.

Contemporain de cette intense activité intellectuelle et artistique, un superbe édifice Renaissance se dresse sur la place. Construit en 1585 par Hans Schoch, il est typique de cet art alsacien, mélange original d'influences diverses. Car si sa façade est ornée de colonnades d'ordre antique, son toit pentu avec ses multiples lucarnes reste fidèle à la tradition locale. De cette entreprise osée résulte un des plus élégants édifices du XVIe siècle en Alsace. A l'époque, il offrait un aspect bien plus gai qu'aujourd'hui, puisque, conformément au goût du temps, des fresques allégoriques aux couleurs éclatantes recouvraient ses murs. Après avoir été Hôtel de Ville, notamment lors de la Révolution, où il fut mis à sac, ce bâtiment abrite aujourd'hui la Chambre de Commerce et d'Industrie de Strasbourg et du Bas-Rhin. Des expositions sont fréquemment organisées dans les salles voûtées du rez-de-chaussée.

La place est reliée à la cathédrale par la rue Mercière, ornée de maisons à colombage comme celles des n° 2 et 4. A remarquer également le n°8 et son superbe balcon en fer forgé du XVIIIe siècle.

Rue des Hallebardes

La rue des Hallebardes était à l'origine la voie prétorienne du camp militaire romain dont Strasbourg est issu. De nos jours, des hallebardes sur la façade des immeubles rappellent les armuriers qui s'y établirent au Moyen Age. Au n°5, un bel oriel de 1654, abondamment sculpté, a été remonté sur la façade d'un immeuble détruit lors de la dernière guerre. Les façades XVIIIe les plus remarquables de cette rue sont aux n° 7, 8, 12, 13, 16. Mais c'est au n°22 que se trouve l'une des plus anciennes maisons Renaissance à poutrage apparent de la ville comme l'atteste la date de 1528 inscrite sur la console d'angle.

du XVIIIe siècle, ayant appartenu aux chanoines du Grand chapitre de la cathédrale. Le plus imposant est l'hôtel Livio, du nom d'un ancien maire de Strasbourg au n° 8, qui est situé entre cour et jardin. Au n°12, un immeuble propriété du Grand Choeur de la cathédrale, qui fut habité par Hans Baldung- Grien et dont Voltaire fut l'hôte. En 1764, sa façade fut remaniée au goût du jour avec des mascarons sculptés, représentant, au rez-de-chaussée deux femmes, l'une avec un agneau, l'autre avec un coq. L'ensemble des rues piétonnes aux alentours de la cathédrale constitue "le carré d'or" du commerce strasbourgeois, lieu de fréquentes animations.

La rue du Dôme

Ancienne voie principale du camp militaire romain, la rue du Dôme est aujourd'hui une artère piétonne que bordent de remarquables immeubles

Piétonne et très commerçante, une des rues du "Carré d'Or". ▶

◀ *Face à la cathédrale, la rue Mercière.*

La place Broglie ⑮

Cet endroit, où se déroulaient au Moyen-Age les tournois de chevaux, était un terrain vague lorsqu'en 1730 le gouverneur militaire de Strasbourg décida de l'aménager. François-Marie, duc de Broglie, l'un des meilleurs généraux de Louis XV, ne pouvait s'accommoder d'un tel vis-à-vis, face au prestigieux hôtel de Hanau-Lichtenberg, aujourd'hui mier théâtre, victime d'un incendie en 1800, fut remplacé vingt ans plus tard par l'édifice actuel et son péristyle orné de muses. A l'intérieur, une salle "à l'italienne" aux fauteuils de velours cramoisi accueille aujourd'hui les représentations de l'Opéra du Rhin. En face du théâtre se dresse un obélisque, dédié au général Leclerc qui, à la

Surmonté des sculptures des muses, la façade principale de l'Opéra de Strasbourg.

Hôtel de Ville, qui s'y construisait. Une nouvelle promenade fut créée où les dames en grande toilette et les militaires en uniformes chamarrés rivalisaient d'élégance. Un pre- tête de la 2 e division blindée, libéra Strasbourg le 23 novembre 1944. Parallèlement, un bâtiment longiligne, précédé d'une série de canons, abrite le mess des officiers. A ses côtés s'élève la statue du général Kellermann, natif de Strasbourg. Un peu plus loin, la façade de la Banque de France est ornée de deux médaillons. L'un évoque Rouget de Lisle, lieutenant de l'Armée du Rhin, qui entonna pour la première fois la Marseillaise dans le salon du maire De Dietrich le 26 avril 1792. Le chant fut diffusé à travers de nombreux régiments, dont un bataillon de volontaires marseillais qui le fit connaître à Paris, d'où le nom qui l'a rendu célèbre. Quant au maire De Dietrich devenu suspect sous la Terreur, il fut condamné à mort et guillotiné en 1793. L'autre rappelle que Charles de Foucauld naquit à cet endroit en 1858.

Durant le mois de décembre, la place accueille le "Christkindelsmärik", "marché de l'Enfant Jésus", où des boutiques en rangs serrés proposent cheveux d'ange, boules argentées, sapins et confiseries pour préparer Noël.

L'Hôtel de Ville, ancien hôtel de la famille des Hanau-Lichtenberg.

Devant l'Opéra, l'obélisque avec la statue du général Leclerc.

La place de la République ⑯

Avec ses massifs bien taillés, ses plates-bandes tirées au cordeau, ses allées qui mènent tout droit au Monument aux Morts, la Place de la République a l'allure d'un jardin à la française. Mais les bâtiments qui l'entourent rappellent Leipzig, Berlin ou Vienne. Ces colosses néo-Renaissance, pastiches de palais italiens, étaient au goût du jour sous le règne de Guillaume Ier et de François Joseph. Annexée en

Vue aérienne de la place de la République où le Palais du Rhin fait face à la bibliothèque et au théâtre, deux institutions nationales.

Le Palais du Rhin inauguré en 1889.

1870, Strasbourg, promue capitale du Reichsland d'Alsace-Lorraine, devait donner l'exemple. Il fallut moins de vingt ans, à la fin du siècle dernier, pour la recouvrir d'édifices dans le plus pur style wilhelmien. La place de la République avait son rôle à jouer : place impériale, elle devait être la plus prestigieuse de toutes, entourée d'édifices destinés aux instances du nouveau pouvoir. Elle servait aussi de jonction entre la vieille ville, enserrée dans les bras de l'Ill et la nouvelle, située sur plus de 400 hectares au Nord-Est de l'agglomération.Cinq bâtiments l'entourent, dont le plus impressionnant est le Palais du Rhin auquel font face la Bibliothèque Nationale et Universitaire de Strasbourg et le bâtiment occupé par le Théâtre National, ancien siège du Landtag d'Alsace-Lorraine.

La Bibliothèque Nationale et Universitaire de Strasbourg- la BNUS-collectionne les singularités. Nationale et Universitaire, elle est la seule à bénéficier de ce statut en France. Avec plus de trois millions de volumes, elle occupe le second rang après Paris et possède de riches fonds spéciaux. Son cadre enfin - un palais néo-Renaissance, pastiche de style vénitien - est lui aussi inhabituel. C'est en 1895 que "la Kaiserliche Universitäts- und Landesbibliothek" s'installe sur la place, dans un nouveau bâtiment construit par deux architectes de

Leipzig, August Hartel et Skjold Neckelmann. La façade est ornée d'une guirlande de médaillons où Gottfried de Strasbourg voisine avec Molière et Shakespeare. Un dôme de verre surplombe la partie centrale de l'édifice sous lequel une salle de lecture de 80 places, parcourue de galeries, a des allures de cathédrale.

Le Palais du Rhin est un colosse de grès jaune, mélange d'art antique, renaissance et baroque, qui fut construit spécialement pour l'empereur Guillaume 1er sur la place. "Eléphantesque" aurait proféré la bouche impériale à la vue du projet du jeune architecte prussien Hermann Eggert. Mais Guillaume 1er n'eut jamais l'occasion d'y séjourner. Il mourut en effet en 1888, au moment où s'achevaient les travaux. C'est son petit-fils, Guillaume II, qui, l'année suivante, vint en grande pompe inaugurer le palais impérial. Dans cette construction surprenante, les décors du passé ont gardé une grande partie de leurs

Splendeur éphémère : la floraison des magnolias..

fastes. L'entrée monumentale a de quoi couper le souffle avec sa triple rangée d'escaliers, ses fontaines de marbre orange et ses fresques scintillantes. Ce décor d'opéra baigne dans la faible lumière de vitraux qui ne s'embrasent qu'en fonction des rayons du soleil. L'ensemble abrite les services des Affaires Culturelles et la Commission de la Navigation Rhénane et ne se visite pas, hormis le hall d'entrée et, à titre exceptionnel, la salle d'audience.

D'autres édifices jumeaux, appartenant désormais au Trésor Public et à la Préfecture, encadrent l'Avenue de la Paix, magnifique perspective sur la cathédrale.

Au centre de la place, le Monument aux Morts représente une mère avec ses deux fils, l'un mort pour la France, l'autre pour l'Allemagne, daté de 1936.

Le Musée Tomi Ungerer. Centre international de l'illustration.

Tomi Ungerer, artiste de renommée internationale, est né à Strasbourg en 1931, a débuté à New-York en 1957. Dans la Villa Greiner, près du quartier très culturel du TNS et de l'Opéra, seront exposés 7000 dessins originaux, plusieurs centaines d'affiches, des sculptures, une collection personnelle de jeux et de jouets, des photographies, qui constituent la donation de Tomi Ungerer à sa ville natale. Le but est d'inscrire son œuvre graphique dans l'histoire plus générale de l'illustration des 19e et 20e siècles.

Ainsi, des dessins de Bosc, Sempé, Topor, Searle, Steinberg, André François y seront également présentés.

«Mine de rien », années 1980, Crayon et lavis d´encre verte sur papier calque.
© Musées de la ville de Strasbourg/Tomi Ungerer.
Photo: Mathieu Bertola

Villa Greiner, 2 av. de la Marseillaise, 67000 Strasbourg. tél. 03 69 06 37 27. Le musée est ouvert au public de : 12h à 18h en semaine et de : 10 h à 18 h le week-end. L'accueil des groupes se fait uniquement en semaine, le matin et sur réservation. Fermé le mardi.

L'Eglise St. Paul ⑰

Après le pont de l'Université, l'Ill se divise en deux bras pour dessiner l'île Ste Hélène. Sur cet emplacement se dresse, majestueuse, **l'Eglise St Paul**. L'architecture néo-gothique de cet édifice, construit par Salomon entre 1889 et 1892 s'inspire de la cathédrale Sainte Elisabeth de Marbourg. Elle servait à l'origine de temple protestant à la garnison militaire allemande, avant de devenir à partir de 1918, l'église paroissiale de la communauté réformée d'Alsace-Lorraine.

Saint-Paul : une église néo-gothique construite en 1889 pour la garnison militaire.

Le Palais Universitaire ⑱

Parmi tous les exemples de l'architecture allemande de la fin du XIXe siècle, le Palais Universitaire, construit en 1884 par un architecte de Karlsruhe, Otto Warth, figure parmi les plus harmonieux. L'extérieur du bâtiment, précédé d'un grand escalier et rythmé de colonnades, s'inspire des palais génois de la Renaissance italienne. Une ronde de personnages célèbres, de Leibniz à Kant, se déroule sur sa façade de grès jaune. A l'intérieur, une verrière dispense un éclairage zénithal sur une vaste aula de marbre, bordée d'une galerie, autrefois peinte en rouge pompéien. Mais le Palais Universitaire n'est que la figure de proue d'un vaste ensemble d'instituts construits autour d'un jardin de huit hectares. Au fil des ans, sa belle ordonnance initiale avait cédé la place à une végétation anarchique. Une restauration récente lui a rendu sa splendeur de jadis et l'a transformé en un lieu de promenade paisible, en accord avec la vocation studieuse du lieu. Si la plupart des instituts restent dévolus à la recherche

Un des plus célèbres étudiants de Strasbourg : Johann Wolfgang Goethe.

Le Planétarium. Il présente sous la voûte de son "cinéma cosmique" des spectacles écrits par des astrophysiciens.
Renseignements: tél. 03 90 24 24 50
La Grande Coupole de l'Observatoire.
Dans un décor digne de Jules Verne, les performances optiques et mécaniques de la lunette équatoriale sont présentées en des séances nocturnes d'observation des étoiles et des planètes.
Renseignements: tél. 03 90 24 24 50
Le musée Zoologique: 29, boulevard de la Victoire.
Renseignements: tél. 03 90 24 04 83

A l'avant comme à l'arrière du bâtiment, les jardins de l'université constituent une des plus agréables promenades de la ville.

et à l'enseignement, le Musée Zoologique, la Galerie Scientifique, le Musée de Séismologie, la grande coupole de l'Observatoire et le Planétarium sont, quant à eux, ouverts au public tout comme les jardins et préfigurent la création d'un Jardin des Sciences, trait d'union entre la ville et l'Université.

Le Musée Zoologique

Le visiteur peut y découvrir des paysages aussi variés que les régions polaires et les bords du lac Tanganyika, des animaux rares ou disparus, prendre conscience de la richesse de la faune alsacienne, parcourir la nouvelle galerie des insectes et revivre l'histoire du musée grâce au cabinet d'histoire naturelle de Jean Hermann, son fondateur. Des expositions temporaires, une bibliothèque nature et des ateliers d'éveil scientifique pour les jeunes ajoutent à l'attrait de ce musée.

Au Musée Zoologique: des vitrines qui stimulent la curiosité.

La place Saint-Etienne ⑲

Dénommée ainsi depuis le XIIIe siècle, la place Saint-Etienne est une de ces placettes de charme de Strasbourg, continuellement animée par un flot de collégiens et d'étudiants. Beaucoup d'entre eux fréquentent le grand bâtiment Renaissance de la place, coiffé d'un pignon à volutes très ornées. C'était jusqu'à la Révolution française, le siège du directoire de la noblesse de Basse-Alsace. C'est aujourd'hui le Foyer de l'étudiant catholique (FEC). Au centre de la place, deux tilleuls abritent la silhouette gracieuse du "Charmeur de Mésange" ou "Meiselocker". Cette statue fut donnée en échange en 1931 par la ville de Munich contre un gigantesque " Père Rhin " qui trônait devant le théâtre, place Broglie. Autour de la place, la plupart des maisons retiennent l'attention par leurs caractéristiques architecturales. Le n°7, raccourci de tous les styles depuis le XVIe jusqu'au XVIIIe siècles, est orné de têtes sculptées portant notamment les attributs de la musique et de la science. L'immeuble dénommé "Zum Himmelreich" a donné son nom à la rue du Ciel attenante, de même que le n°10, autrefois maison de l'Arc-en-ciel, a donné le sien à la rue voisine. Depuis la place Saint Etienne, la rue des Frères mène jusqu'à la cathédrale en passant devant le grand séminaire du XVIIIe siècle, qui abrite une très riche bibliothèque (visites uniquement en groupes et sur rendez-vous).

Le charmant charmeur de mésanges, d'origine munichoise.

Le Quartier européen

Le Quartier européen se trouve au nord de Strasbourg, là où les eaux de l'Ill rejoignent celles du canal de la Marne-au-Rhin. Des familles de cygnes blancs et noirs voguent paisiblement au pied des grands et d'acier, construit en 1975. Les drapeaux des pays, adhérents du Conseil de l'Europe, flottent en permanence sur son parvis. L'inté-

Le Palais de l'Europe, construit par Henri Bernard,
Grand Prix de Rome en 1975.

bâtiments d'architecture très contemporaine, qui abritent les Institutions européennes. Ces dernières sont de plus en plus nombreuses à Strasbourg, qui partage avec New-York et Genève le privilège d'accueillir le siège d'institutions internationales sans être capitale d'Etat.

Le Palais de l'Europe [20] est aisément repérable. C'est un imposant quadrilatère de grès rose, de verre rieur s'organise autour d'un vaste hémicycle et de jardins clos. Il est destiné au Conseil de l'Europe, créé en 1949. C'est la première assemblée parlementaire internationale de l'Histoire, dont l'objectif est de réaliser une union plus étroite entre les Etats européens, respectueux des Droits de l'Homme.

En 1958, Strasbourg fut choisie comme lieu de réunion de l'Assemblée de la Communauté

Le Parlement européen.

européenne, dénommée aujourd'hui Parlement européen et élue au suffrage universel. Depuis le sommet d'Edimbourg en 1992, Strasbourg est devenue également siège du **Parlement européen** ㉑ . Cette décision a entraîné la construction d'un nouvel hémicycle car, jusqu'alors, Conseil de l'Europe et Parlement se partageaient celui du Palais de l'Europe. Confié au groupe "Architecture Studio", qui a participé à la réalisation de l'Institut du Monde Arabe à Paris il a été achevé en 1998.

Avec une façade majestueuse en arc de cercle qui épouse sur un demi-kilomètre les berges de l'Ill et du canal de la Marne-au-Rhin et une tour miroitante dont le sommet reflète l'image de la cathédrale, il a su éviter le piège du monumentalisme, grâce à une articulation complexe mais habile qui renvoie sans cesse aux figures du cercle de Galilée et de l'ellipse de Kepler. Sur 200 000m^2, six quartiers distincts mais réunis sous un même toit, et irrigués par des promenades, jardins, passerelles, le composent. Coeur de l'édifice : l'hémicycle de 750 places, où ont lieu les débats officiels et le cérémonial du vote, est recouvert d'une coupole de chêne de 8000m^2 aisément identifiable. Elle s'inscrit dans une grande figure en arc abritant les salles de réunion. Elle jouxte la grande tour de soixante mètres dans laquelle se trouvent 1133 bureaux. Les autres espaces sont dévolus aux réunions de travail, à un centre de presse, à un restaurant , aux réceptions ...

Les parlementaires disposent par ailleurs de quatre immeubles spécialement construits à leur inten-

Vue aérienne du quartier où sont regroupées les principales institutions européennes. À gauche, l'imposant Parlement européen relié par une

passerelle aux autres immeubles parlementaires. À droite, le Palais de l'Europe et le Palais des Droits de l'Homme.

tion. Erigés dans le prolongement du Conseil de l'Europe, ces bâtiments de couleur sombre sont désignés sous le nom d'I.P.E (Immeubles du Parlement Européen).

Strasbourg est aussi le siège de la Cour Européenne des Droits de l'Homme. Chaque individu, victime d'une mesure incompatible avec la Convention Européenne des Droits de l'Homme, peut s'y adresser. Mais il faut avoir auparavant épuisé toutes les voies de recours nationales et appartenir à un pays européen ayant ratifié la Convention. Un nouveau

Palais des Droits de l'Homme ㉒ a été inauguré en 1995. Son architecte est Richard Rogers, concepteur des assurances Lloyd's à Londres, et coauteur du Centre Beaubourg à Paris. Il a imaginé le nouveau bâtiment *"comme un bateau épousant le cours de l'eau. Autour de deux cheminées en grès rose des Vosges qui abritent les réunions plénières de la Cour Européenne des Droits de l'Homme, l'enveloppe du paquebot est la plus aérienne possible, grâce à un cocktail de verre translucide et de panneaux métalliques"*.

Le Palais des Droits de l'Homme :
comme un bateau épousant un cours d'eau.

Le Parc de l'Orangerie

Les amoureux font du canotage sur son lac, les enfants se délectent de son zoo et les parlementaires viennent s'y changer les idées entre deux sessions. A quelques pas du Palais de l'Europe, le parc de l'Orangerie reste le havre de verdure le plus grand et le plus fréquenté. Selon la tradition, ses allées auraient été dessinées par Le Nôtre, dès le rattachement de Strasbourg à la France en 1681. En 1807, un élégant pavillon y fut construit pour servir d'abri à une centaine d'orangers, offerts par le Landgrave Louis X de Hesse- Darmstadt à la Ville de Strasbourg. Deux ans plus tard, des fêtes somptueuses y furent organisées en l'honneur de la visite de l'Impératrice Joséphine. Mais ce n'est qu'au siècle suivant que le parc fut profondément modifié à l'occasion de l'Exposition Industrielle et Commerciale organisée en 1895 : une ferme alsacienne en provenance de Molsheim y fut transférée. Elle s'y trouve toujours et, sous le nom de "Buerehiesel", accueille un restaurant réputé. C'est de la même époque que datent le lac artificiel et sa cascade ainsi que le zoo. Depuis, d'autres aménagements de loisirs s'y sont ajoutés, parmi lesquels un bowling et une piste de skate-board. Mais le parc n'a rien perdu de son charme avec ses allées romantiques, sa roseraie et ses sculptures, parfois surprenantes comme cette "Lune rousse" que seuls les curieux peuvent apercevoir en se penchant sur la margelle d'un puits.

Pavillon romantique ▶
à l'Orangerie.

◀ *Un havre de paix au coeur de la ville.*

Produits typiques de Strasbourg et d'Alsace

Choisir des souvenirs fait aussi partie des joies d'un voyage.

Le monde coloré des poteries.
Les objets les plus fréquemment proposés sont les poteries. Les plus populaires sont celles de Betschdorf et de Soufflenheim, deux villages à tables des winstubs, mais aussi des chopes à bière, des tonnelets à vinaigre ou des pots de toute taille-: pots à moutarde, à saindoux, à oeufs, à choucroute, etc.

La poterie de Soufflenheim est plus colorée d'aspect. Les formes tour-

Poteries de Betschdorf

Poteries de Soufflenheim

30 km au nord de Strasbourg, où les artisans exercent leur activité selon des méthodes ancestrales. Tous les modèles de ces poteries sont largement diffusés à Strasbourg.

Les poteries de Betschdorf se reconnaissent à leur fond gris orné de délicats motifs de couleur bleu cobalt. Leur vernis est obtenu grâce à l'adjonction de sels lors de la cuisson qui s'effectue à très haute température (1300°). Cette technique particulièrement délicate suppose une parfaite maîtrise de la terre et du feu. En poterie de Betschdorf, on peut trouver de sympathiques cruchons à vin blanc, comme ceux qui ornent les

nées ou moulées sont décorées à l'aide d'un barolet, à la manière des pâtissiers décorant un biscuit. Les couleurs sont faites à base de terre, d'eau et d'oxydes métalliques offrant une large gamme de nuances. Quant aux motifs, ils sont généralement d'inspiration naïve et les thèmes du coeur, de la marguerite, des oiseaux y sont largement représentés. En poterie de Soufflenheim, on peut acheter de nombreuses formes traditionnelles, comme par exemple des moules à kougelhopf ou des terrines à baeckeoffe. Mais on trouve également des formes anciennes, un peu désuètes, remises au goût du jour, tels que des porte-peignes, des portecuillères, des moules à gâteaux, de la vaisselle miniature et des jouets.

Un artisanat raffiné

Dans le domaine des "souvenirs artistiques", le choix peut se porter sur un de ces merveilleux tableaux en marqueterie représentant un village ou un paysage alsacien. La marqueterie, autrefois réservée à l'ébénisterie, a été élevée à la valeur de véritable tableau par Charles Spindler durant les années 1900. Ses émules poursuivent ce patient travail qui, par l'assemblage de bois aux essences variées, restitue avec finesse et précision les moindres détails d'un dessin préalablement exécuté.

A moins qu'on ne préfère une peinture sous verre aux couleurs éclatantes et au décor naïf qui figurait autrefois en bonne place dans toutes les "Stubs" alsaciennes. Cette forme de peinture, venue de Bohême, a connu sa période de gloire entre 1750 et 1850. De nos jours, des artistes pleins de talent ont su lui communiquer un grand regain de faveur.

A glisser dans les valises.

Un meuble polychrome, par contre, si typique soit-il, risquerait de charger quelque peu les bagages du visiteur. Aussi pour avoir un aperçu de cet art du bois peint, en usage en Alsace depuis le XVIIe siècle, il peut se contenter d'emporter une boîte, des sabots ou des jouets en bois joliment décorés.

Peu encombrants sont également tous les "souvenirs textiles". Beaucoup de nappes, de mouchoirs, de foulards sont décorés de motifs empruntés au folklore local ou d'inspiration ancienne. Les plus connues sont les nappes "Hansi" ou celles à motif cachemire.

Certains tisserands se sont remis à la fabrication du "kelch", sorte d'écossais tissé à l'aide d'écheveaux de différentes couleurs où le bleu et le rouge prédominent.

Sabotier, un métier en voie de disparition.

Repères gastronomiques

C'est sur place que se déguste le meilleur foie gras. Le plus réputé est le paté de foie gras en croûte préparé selon la recette inventée par Jean-Pierre Clause, le cuisinier du maréchal de Contades au XVIIIe siècle.

Pour poursuivre le repas, il y a bien entendu la choucroute qui se décline de multiples façons, aux poissons, à la juive, etc. Mais le baeckeoffe, cette délicieuse potée de porc, de mouton et de boeuf qui était cuite à l'origine dans le four du boulanger, d'où son nom, constitue une alternative très appréciée. Autres plats du répertoire culinaire à l'honneur dans les restaurants strasbourgeois : le coq au riesling, le civet de lièvre ou l'estomac de porc farci. Pour les amateurs de poissons, la matelote où voisinent anguille, brochet, carpe, tanche et perche est un plat de choix, tout comme le sandre accompagné d'un plat de spaetzele (nouilles faites à la main) et nappé de sauce au riesling. Pour le fromage : pas d'hésitation. L'odorant munster accompagné ou non de cumin reste le plus caractéristique. Autre choix conseillé pour le dessert: les tartes aux fruits ou au fromage, avec une prédilection pour la tarte aux questches en saison. Mais on peut aussi avoir une "petite faim" à assouvir dans les winstubs, ces débits de vin conviviaux qui sont

Un grand "classique" de la cuisine alsacienne : la choucroute.

*L'ineffable
foie gras.*

une étape incontournable pour tous ceux qui veulent vraiment participer à la vie strasbourgeoise.

Ici il s'agit surtout de goûter les vins d'Alsace dénommés d'après leurs cépages - riesling, gewürztraminer, pinot, sylvaner, etc. servis en pichet.

Pour les accompagner, les cartes des winstubs proposent tout un florilège de petits plats, souvent à base de porc comme les wädele, jambonneaux, rippele, plats de côte, presskopf, tête de cochon ou encore "männerstolz", grosse saucisse, mais aussi d'autres spécialités : tarte à l'oignon, salade de gruyère ou fromage blanc. Enfin, de plus en plus de restaurants proposent, surtout le week-end, de la "tarte flambée". Un plat tout simple fait de crème, de lard et d'oignons qui se faisait autrefois le jour où l'on cuisait le pain avec le reste de pâte. Servi sous forme de large tarte que l'on partage à plusieurs et que l'on roule pour la déguster sans couteau, ni fourchette, ce plat d'origne campagnarde fait désormais partie des plaisirs citadins.

*Il n'y a rien
de meilleur
qu'une tarte
aux quetsches.*

Noël à Strasbourg

Promue capitale de Noël au cours de ces dernières années, Strasbourg est en fête durant tout le mois de décembre. Tout, en fait, est parti de la tradition médiévale de son marché de Noël, qui s'est longtemps tenu dans un périmètre succinct. Aujourd'hui, teaux de Noël. Car une grande part est dévolue à la gourmandise et aux spécialités confectionnées à cette occasion, depuis les "maennele" de la St-Nicolas aux "stolle" du jour de l'an. Des guides-conférenciers de l'Office du Tourisme rappellent les

Tout pour préparer Noël.

il n'y a plus un marché de Noël, mais plusieurs et des animations diverses à travers toute la ville. Le parcours, balisé d'éclairages fééri- ques, va de la Place de la Gare à celle de la Cathédrale en passant par toutes les places de la ville. Crèches, patinoire en plein air, sapin de Noël géant, théâtre, concerts parsèment ce parcours sur lequel flotte l'odeur de cannelle du vin chaud et des gâ- traditions de Noël et notamment celle de la foire de la St-Nicolas, ancêtre des marchés de Noël actuels. C'était au Moyen-Age, quand le marché était établi au pied de la cathédrale. Divers artisans, potiers, tourneurs sur bois, serruriers y exerçaient leur talent. Au XVe siècle, la Réforme protestante faillit bien sonner le glas de ce marché par trop catholique. Il survécut néanmoins, se contentant

La guirlande lumineuse des petites échoppes du marché de Noël.

de changer de nom. De St Nicolas, il devint "Christkindelsmärik", foire de l'Enfant Jésus. Réminiscence de la Sainte Lucie des pays scandinaves? En Alsace, l'Enfant Jésus est représenté par une jeune fille de blanc vêtue et couronnée de lumières. Sous sa nouvelle dénomination, le marché ne cessa de prospérer. Au XVIIIe siècle, il devint un lieu cosmopolite où la truffe du Périgord côtoyait la pipe d'écume de Bavière. En 1830, il s'établit sur la place Kléber. Aux pittoresques échoppes médiévales avaient succédé des étalages tirés au cordeau "semblables

aux maisons d'une ville fortifiée par Vauban". En 1870, enfin, le Christkindelsmärik rejoignit son emplacement actuel sur la place Broglie. Il était alors entièrement consacré à la préparation de la fête de Noël, à l'ornementation du sapin, aux cadeaux déposés à ses pieds. S'il n'a pas perdu aujourd'hui cette vocation, de nombreux artisans venus de toute la France et de l'étranger ont considérablement enrichi la palette des produits traditionnels qu'il proposait. Et depuis la place Broglie, le marché a essaimé ses stands au pied de la cathédrale, renouant ainsi avec

la tradition médiévale.
Cette animation connaît un tel engouement qu'elle a fait de décembre l'un des mois le plus touristique de l'année à Strasbourg.

Les quais encapuchonnés de blanc par l'hiver.

Renseignements pratiques

Administrations

Ville et Communauté Urbaine de Strasbourg Centre Administratif -
1, Parc de l'Etoile
03 88 60 90 90, www.mairie-strasbourg.fr

Palais de l'Europe
Conseil de l'Europe tél. 03 88 41 20 29
(visites pour groupes)
Parlement européen : tél. 03 88 17 20 07

Chambre de Commerce;
www.strasbourg.cci.fr
10, place Gutenberg tél. 03 88 75 25 25

Poste principale
5, avenue de la Marseillaise
tél. 03 88 52 35 50 www.laposte.fr

Hébergement

Auberges de jeunesse Des deux Rives
Parc du Rhin, rue des Cavaliers
tél. 03 88 45 54 20,
www.aubergedejeunesse.org
René Cassin 9, rue de l'Auberge
de Jeunesse, Montagne -Verte
tél. 03 88 30 26 46, www.fuaj.org

Campings
Terrain de camping et de caravaning de la Montagne Verte
rue Robert Forrer (entrée rue du Schnoke-loch) tél. 03 88 30 25 46, www.fuaj.org

Tourisme

Office de Tourisme de Strasbourg et sa Région.
Bureaux d'accueil :
17, place de la Cathédrale -
tél. 03 88 52 28 28 , www.ot-strasbourg.fr
Place de la Gare : tél. 03 88 32 51 49

Agence de Développement Touristique du Bas-Rhin www.tourisme67.com
9, rue du Dôme tél. 03 88 15 45 80

Relais départemental du tourisme rural - gîtes de France, www.gites67.com
7, place des Meuniers tél. 03 88 75 56 50

Transports

Taxis
tél. 03 88 75 19 19 ou 03 88 36 13 13

Aéroport International de Strasbourg - Entzheim, www.strasbourg.aeroport.fr
tél. 03 88 64 67 67

SNCF : Renseignements et réservation :
tél. 36 35, www.sncf.com

Batorama
15, rue de Nantes - tél. 03 88 84 13 13,
www.strasbourg-port.fr

Vélocation

4, rue du Maire Kuss
tél. 03 88 23 56 75

10, rue des Bouchers
tél. 03 88 24 05 61, www.velocation.net

Esprit Cycles
18, rue Jacques Peirotes
tél. 03 88 36 18 41, www.espritcycles.com

Compagnie des Transports Strasbourgeois
(Bus - trams - mini -tram)
Service allo CTS :   03 88 77 70 70
Renseignements : 03 88 77 70 03

Parkings: www.parcus.com

Place des Halles(P2) : 24h/24 - 7j/7

Sainte -Aurélie : 24h/24 - 7j/7

Sainte - Marguerite - Petite France :
Horaires variables.

Opéra Broglie : 24h/24 - 7j/7

Gutenberg : 24h/24 - 7j/7

Austerlitz : 7h/2H du lundi au samedi
10h/2h dimanche et jours fériés.

Bateliers : 7h/2h du lundi au samedi
Fermé dimanche et jours fériés.

Kléber : 24h/24h

Plan de ville – mode d'emploi

① Place de la Cathédrale

② La cathédrale

③ Le Palais Rohan

④ Le musée de
l'Œuvre Notre-Dame

⑤ Rue du Maroquin - Place du
Marché- aux -Cochons -
de -Lait

⑥ Le Musée Historique
de la ville de Strasbourg.

⑦ La cour du Corbeau

⑧ Le Musée Alsacien

⑨ L'église Saint-Thomas

⑩ La Petite France

⑪ Le Musée d'Art Moderne
et Contemporain

⑫ Place de l'Homme-de-Fer

⑬ Place Kléber

⑭ Place Gutenberg

⑮ Place Broglie

⑯ Place de la République

⑰ L'Eglise St. Paul

⑱ Le Palais Universitaire

⑲ Place Saint-Etienne

⑳ Le Palais de l'Europe

㉑ Le Parlement Européen

㉒ Le Palais des
Droits de l'Homme

 Office de Tourisme

 Toilettes

 Taxi

 Téléphone

▬▬▬ **Parcours conseillé à travers la vieille ville**

▬ ▬ ▬ **Parcours conseillé à travers le "quartier allemand"**

Le plan dessiné de la ville a été réalisé d'après une vue aérienne
AIRDIASOL/Rothan.

Place des
Halles

Quai Klébr

Place de
l'Homme
de Fer

12

Rue du Fbg de Saverne

Place de la Gare

Quai St-Jean

Rue du Maire Kuss

i

T

WC

Rue du 22 Novembre

Grand Rue

Grand

Quai Turkheim

WC

10

Ponts Couverts

Place
Henry Dunant

Terrasse
Panoramique

11

Grande Écluse

WC

Hôtel du
Département

	Lignes Tram
	Zone piétonne
	Espaces verts
	Rocade
→	Accès parkings
P	Parkings
	Sites touristiques

à 1km à pied: les institutions
européennes
voir ci - dessous

⑯

Avenue de la Marseillaise

⑰

⑱

Quai des Pêcheurs

⑲

WC

Rue de la Râpe

Pl. Ste Madeleine

Quai des Bateliers

⑦

Le Quartier européen

㉑

㉒

⑳